DER AUFSTIEG DER KRYPTOWÄHRUNGEN:
Die Zukunft von Geld und Finanzen verstehen

INHALT

I. Einleitung
  Definition von Kryptowährungen
  Die Geschichte von Kryptowährungen
  Ziele und Nutzen von Kryptowährungen

II. Technisches Verständnis
  Blockchain-Technologie
  Kryptografie und Verschlüsselung

III. Die bekanntesten Kryptowährungen
  Bitcoin
  Ethereum
  Ripple
  Litecoin
  Bitcoin Cash
  Binance Coin

IV. Investieren in Kryptowährungen
  Wie funktioniert das Investieren in Kryptowährungen?
  Risiken und Herausforderungen bei Kryptoinvestments
  Tipps für erfolgreiches Investieren in Kryptowährungen

V. Anwendungsbereiche von Kryptowährungen
  Finanzbranche
  Online-Shops und E-Commerce
  Gaming-Industrie
  Zukünftige Anwendungsbereiche

VI. Rechtliche Aspekte von Kryptowährungen
  Regulierung von Kryptowährungen
  Steuerliche Regelungen
  Rechtsstreitigkeiten im Zusammenhang mit Kryptowährungen

VII. Zukunftsperspektiven

Prognosen für die Kryptowährungsbranche
Mögliche Auswirkungen auf das Finanzsystem
Chancen und Risiken für Kryptowährungen

VIII. Fazit
Zusammenfassung der wichtigsten Punkte
Persönliche Empfehlungen für Kryptoinvestments
Ausblick auf die Zukunft von Kryptowährungen

I. EINLEITUNG

Definition Von Kryptowährungen

Wie mächtig und nützlich sind Kryptowährungen? Diese digitalen Währungen basieren auf fortschrittlicher Kryptografie und dezentralen Datenbanken (Blockchain-Technologie) und sind eine sichere Alternative zu traditionellen Währungen wie Euro oder US-Dollar. Aber wie funktioniert das? Die Kryptowährungen werden mithilfe von Kryptografie verschlüsselt und sind somit geschützt vor Betrug und Hackerangriffen. Zudem ist das System dezentral organisiert - es gibt keine zentrale Autorität, sondern das Netzwerk wird von allen Teilnehmern verwaltet. Würde das wirklich funktionieren? Eine so leistungsfähige Technologie könnte die Finanzwelt komplett verändern.

Seit der Einführung von Bitcoin im Jahr 2009 gibt es eine Vielzahl an Kryptowährungen wie Ethereum, Ripple, Litecoin, Bitcoin Cash und Binance Coin. Diese digitalen Währungen werden oft als "digitale Bargeld" bezeichnet, da sie direkt zwischen zwei Parteien ohne einen Zwischenhändler übertragen werden können. Aber sind sie tatsächlich sicher und anonyme? Können wir auf ihre Flexibilität und Mobilität vertrauen? Und sind sie vor starken Schwankungen geschützt? Eine Sache ist sicher: Kryptowährungen sind ein umstrittenes Thema, da sie nicht von Regierungen reguliert werden und es noch keine allgemeingültigen Regeln für ihren Einsatz gibt. Was können wir uns also von ihnen erhoffen? In welcher Art und Weise verändern Kryptowährungen die Finanzwelt? Welche Rolle spielen sie in immer mehr Branchen wie dem Online-Handel, der Gaming-Industrie oder der Finanzwelt? Können sie das traditionelle Bankensystem revolutionieren? Kryptowährungen sind eine neue Art von digitalem Geld, welche auf Komplexität beruht, dezentralisiert und eine echte Alternative zu traditionellen

Währungen bietet. Wirft man einen Blick auf die Gegenwart, wird klar: Obwohl Kryptowährungen immer noch ein Streitthema sind, können sie definitiv die Finanzwelt auf den Kopf stellen!

Die Geschichte Von Kryptowährungen

Kryptowährungen - haben wir es schon immer gewusst oder ist alles erst vor wenigen Jahren passiert? Eines ist sicher: Die Idee, eine digitale Währung zu schaffen, die vollkommen uneingeschränkt von Regierungen und Finanzinstituten funktioniert, begann bereits in den 90er Jahren. Doch erst 2009, als ein unbekannter Entwickler, oder vielleicht sogar eine Gruppe von Entwicklern, unter dem Pseudonym Satoshi Nakamoto die erste Kryptowährung, Bitcoin, ins Leben gerufen hat, erwachte die Vision endlich zum Leben! Und was ist das für eine Revolution: Dank der innovativen Blockchain-Technologie konnte ein wahrlich sicheres und dezentrales Netzwerk für den Austausch von Werten geschaffen werden. Wohlgemerkt: völlig autonom und ungebunden! Beginnt die Zukunft etwa jetzt?

Kryptowährungen stürmten in den letzten Jahren die Bühne der Finanzwelt und erhöhten ihren Wert bis auf über 1.000 US-Dollar pro Bitcoin. Gleichzeitig sorgten sie für großes Aufsehen und Kritik, da sie mit illegalen Aktivitäten wie Geldwäsche und illegalem Handel in Verbindung gebracht wurden. Wie würden sich Kryptowährungen weiterentwickeln? Würden sie sich als feste Größe behaupten? Mit Ethereum, Ripple, Litecoin und Dutzenden anderen Crypto-Tokens wurde die Kryptowährungsbranche mit jedem Tag aufregender und spannender. Wie wird sich die kryptische Zukunft entwickeln? Regierungen und Finanzdienstleister rund um den Globus arbeiten stetig an der Gestaltung von Regulierungen. Investoren und Unternehmen geraten währenddessen regelmäßig in hitzige Diskussionen, um die Stärken und Schwächen der Kryptowährungen zu ergründen.

Dass Kryptowährungen eine bewegte Geschichte haben, die weit über die Anfänge in den 1990er Jahren hinausreicht und ein stetig wachsendes Aufkommen für sich verbuchen können, steht unbestritten. Trotz aller Unklarheiten – inwiefern wird die Technologie die Finanzwelt nachhaltig beeinflussen?

Ziele Und Nutzen Von Kryptowährungen

Wollen wir ein alternatives Finanzsystem, das nicht auf Institutionen oder Regierungen angewiesen ist? Dann sind Kryptowährungen die richtige Wahl, denn sie bieten eine sichere, dezentrale Art, Geld zu speichern und zu transferieren, ohne die traditionellen Bankinstitute einzusetzen. Aber was sind die größten Vorteile dieser Kryptowährungen? Die Fähigkeit, zu jeder Zeit und überall auf der Welt schnell und kostengünstig Geld zu überweisen - eine willkommene Erleichterung besonders für Menschen in Ländern, in denen es Einschränkungen und Unzulänglichkeiten im Finanzwesen gibt. Wollen wir uns also eine Zukunft ohne Einschränkungen erschaffen? Dann machen wir uns auf den Weg in die Welt der Kryptowährungen!

Ein weiterer Grund, warum Kryptowährungen so attraktiv sind, ist ihre Anonymität. Im Gegensatz zu herkömmlichen Überweisungen, bei denen Kontodetails offengelegt werden müssen, können Kryptowährungstransaktionen vollständig anonym ausgeführt werden. Darüber hinaus bietet Kryptowährung eine unterhaltsame Möglichkeit, das eigene Portfolio zu diversifizieren und in eine neue Assetklasse zu investieren. Da Kryptowährungen nicht an traditionelle Finanzmärkte gebunden sind, können sie eine bemerkenswerte Alternative zu Aktien, Anleihen und anderen konventionellen Anlageprodukten sein. Kryptowährungen könnten das alte Bankensystem disruptieren und Milliarden von Menschen, die bisher nicht an Bankdienstleistungen teilhaben konnten, Zugang zu Finanzdienstleistungen verschaffen. Es gibt eine Reihe von Vorteilen für Anleger, Benutzer und die Finanzbranche im Allgemeinen.

Obwohl Kryptowährungen noch immer neu sind und Risiken bergen, haben sie das Potenzial, die Art und Weise, wie wir mit Geld umgehen, grundlegend zu revolutionieren.

II. TECHNISCHES VERSTÄNDNIS

Blockchain-Technologie

Blockchain ist eine innovative Technologie, welche die Grundlage für Kryptowährungen wie Bitcoin bildet. Es handelt sich dabei um ein dezentrales Buchungssystem, das eine nicht veränderbare Aufzeichnung von Transaktionen ermöglicht. Es basiert auf einer Reihe von Datenblöcken, die miteinander verbunden sind. Jeder Block beinhaltet Daten über eine bestimmte Transaktion und einen Hash, welcher auf die vorherigen Blöcke verweist. Auf Grund dieser Verkettung wird jeder Block in der Blockchain eindeutig identifizierbar und jede Änderung in einem Block wird automatisch auf alle anderen Blöcke übertragen.

Es gibt keine zentrale Instanz, die die Blockchain kontrolliert, da es sich um ein dezentrales Netzwerk handelt, bei dem jeder Teilnehmer das gleiche Recht hat und eine Kopie der Blockchain besitzt. Dadurch ist das System sehr robust und resistent gegen Angriffe und Manipulationen. Die Blockchain-Technologie hat das Potenzial, viele Branchen grundlegend zu verändern, da sie eine sichere und effiziente Möglichkeit bietet, Daten zu speichern und zu übertragen. Einige Bereiche, in denen Blockchain angewendet werden kann, sind Finanzen, Lieferkettenmanagement, E-Voting und Urheberrecht. Die Blockchain-Technologie kann die Art und Weise, wie wir mit Geld und Kapitalanlagen umgehen, grundlegend revolutionieren. Durch sie wird es möglich, sichere und effiziente Transfers ohne Notwendigkeit einer zentralen Autorität durchzuführen.

Auch die Lieferkettenüberwachung und -verfolgung profitiert von dieser Technologie und bietet mehr Transparenz. Ebenso ist sie für E-Voting einsetzbar, um eine verlässliche und durchsichtige Abstimmung zu ermöglichen, bei der jeder Wähler eindeutig identifiziert werden kann. Insgesamt lässt sich schlussfolgern, dass die Blockchain-Technologie ein vielversprechendes Werkzeug für viele Branchen ist. Sie stellt eine sichere, verteilte und transparente Datenspeicher- und Übermittlungstechnologie bereit, die eine Revolution in vielen Sektoren hervorrufen könnte. Auch wenn Blockchain-Technologie noch in den Kinderschuhen steckt, wird sie bereits jetzt in vielen Bereichen verwendet und man kann erwarten, dass sie in den folgenden Jahren weiter an Bedeutung gewinnt. Es ist entscheidend, dass Unternehmen und Regierungen weiterhin in die Forschung und Entwicklung von Blockchain-Technologien investieren, um das vollständige Potenzial dieser Technik auszuschöpfen.

Kryptografie Und Verschlüsselung

Kryptografie und Verschlüsselung sind essenziell für die Sicherheit von Kryptowährungen und anderen Blockchain-Anwendungen. Mithilfe von Kryptografie können Nachrichten und Daten durch mathematische Techniken verschlüsselt werden, sodass diese für Unbefugte unlesbar sind. Verschlüsselung hingegen beinhaltet in diesem Zusammenhang, dass Daten oder Nachrichten durch einen bestimmten Code oder Schlüssel abgesichert werden. Kryptografie in Kryptowährungen schützt so die Vertraulichkeit von Transaktionen und verhindert, dass Dritte in den Geldtransfer eingreifen können, da es sicherstellt, dass alle Blockchain-Transaktionen unveränderlich und sicher sind.
Kryptografie nutzt zwei verschiedene Arten von Schlüsseln, einen öffentlichen und einen privaten. Den privaten Schlüssel behält man für sich und verwendet ihn, um Daten zu unterzeichnen oder zu entschlüsseln.
Der öffentliche Schlüssel hingegen kann von jedem benutzt werden, um die Daten des privaten Schlüssels zu validieren oder zu entschlüsseln. Dies ist ein wichtiges Merkmal der Asymmetrischen Kryptografie, auch bekannt als Public-Key-Kryptografie. Eine zuverlässige Verschlüsselung ist bei Online-Banking und E-Commerce essenziell, um sensible Daten wie Kreditkartennummern oder Bankkontonummern vor dem Zugriff Unbefugter zu schützen. Die Kryptografie ist hier der Schlüssel, um ein hohes Maß an Sicherheit für alle Transaktionen gewährleisten zu können. In einer digitalen Welt, in der die Sicherheit von Daten von großer Bedeutung ist, spielt die Kryptografie eine wichtige Rolle. Obwohl es immer ein Risiko für Hacker gibt, die möglicherweise in Systeme eindringen können, kann Kryptografie verhindern, dass Daten ohne Erlaubnis zugänglich sind und dafür sorgen, dass sensible Informationen sicher übertragen werden. Insgesamt gesehen sind Kryptografie und Verschlüsselung entscheidende

Werkzeuge, um die Integrität und Sicherheit von Daten und Transaktionen zu garantieren. Sie spielen eine wichtige Rolle beim Schutz persönlicher Informationen sowie beim Verhindern von Datendiebstahl und unerlaubtem Zugriff. Um sicherzustellen, dass alle Kryptowährungstransaktionen korrekt und fair vonstattengehen, wird Kryptografie eingesetzt. Diese Technologie verifiziert Transaktionen und schützt die Integrität der Blockchain, indem es Angriffen vorbeugt und manipulierte oder beschädigte Transaktionen verhindert. Kryptografie verwendet Hash-Funktion, um Eingabedaten in eine kurze, aber eindeutige Zeichenkette zu konvertieren. Jede noch so kleine Änderung an der Eingabe hat eine völlig andere Ausgabe zur Folge. Diese Funktionen werden häufig in der Blockchain verwendet, um jede Transaktion eindeutig und verifizierbar zu machen.

Kryptografie und Verschlüsselung sind essenziell für die Sicherheit und Integrität von Kryptowährungen und anderen Anwendungen der Blockchain-Technologie. Durch die Verwendung dieser Technologien können Daten und Transaktionen geschützt werden, sodass ein größeres Vertrauen in das digitale Zeitalter geschaffen wird.

Obwohl diese Konzepte komplex sein mögen, erleichtern sie es uns, unsere Online-Aktivitäten sicherer zu gestalten. Zusammenfassend lässt sich sagen, dass Kryptografie und Verschlüsselung wesentliche Mittel sind, um Daten und Transaktionen zu schützen. Sie spielen eine Schlüsselrolle bei der Verhinderung von Diebstahl und unbefugtem Zugriff auf Informationen und stellen sicher, dass Kryptowährungen und andere Anwendungen der Blockchain-Technologie sicher und vertrauensvoll bleiben. Kryptowährungen sind als dezentrales System entwickelt, was bedeutet, dass sie ohne zentrale Autorität oder Instanz auskommen. Diese dezentrale Struktur bietet eine ganze Reihe von Vorteilen im Vergleich zu traditionellen Finanzsystemen, die normalerweise von Banken oder Regierungen kontrolliert werden.

Kryptowährungen bieten in der Regel eine anonyme Transaktion, was Benutzern ermöglicht, ihre Finanzen ohne Offenlegung persönlicher Informationen zu verwalten.

Als dezentrales Netzwerk bietet es auch ein hohes Maß an Sicherheit, da es für Hacker und Angreifer schwieriger ist, Zugang zu erhalten. Darüber hinaus ermöglicht die dezentrale Architektur eine größere Unabhängigkeit und Flexibilität für Benutzer, sowie ein hohes Maß an Kontrolle und Autonomie bei der Verwaltung ihrer Vermögenswerte. Ebenso wird durch die dezentrale Architektur ein hohes Maß an Transparenz gewährleistet; jede Transaktion wird in öffentlich zugänglichen Blockchain-Datenbank. Um es kurz zu machen: die dezentrale Architektur von Kryptowährungen bringt eine Vielzahl von Vorteilen im Vergleich zu traditionellen Finanzsystemen. Diese umfassen schnellere, günstigere und effizientere Zahlungsprozesse, sowie mehr Anonymität, Privatsphäre und Sicherheit.

Da Kryptowährungen immer populärer werden, ist es wichtig zu verstehen, wie sie funktionieren und welchen Nutzen sie dem Endnutzer bieten.

III. DIE BEKANNTESTEN KRYPTOWÄHRUNGEN

Bitcoin

Im Jahr 2009 wurde Bitcoin als erste und bekannteste Kryptowährung von einer unbekannten Person oder Gruppe unter dem Pseudonym Satoshi Nakamoto vorgestellt. Seitdem hat es eine beeindruckende Reise hinter sich gebracht und ist mittlerweile das Synonym für Kryptowährungen geworden. Bitcoin hat es sich zur Aufgabe gemacht, ein dezentrales Zahlungssystem zu schaffen, das nicht von Regierungen, Banken oder anderen zentralen Instanzen abhängig ist. Dies wurde möglich gemacht durch die Einführung einer neuen Technologie namens Blockchain.

Die Blockchain ist eine öffentliche Datenbank, die alle Bitcoin-Transaktionen aufzeichnet und garantiert, dass diese Transaktionen sicher und unveränderbar sind. Bitcoin-Transaktionen basieren auf einem Peer-to-Peer-Netzwerk, was bedeutet, dass Benutzer direkt ohne jegliche Einmischung sofort über das Internet transaktionieren können. Dadurch sind die Zahlungen günstiger und schneller als bei traditionellen Methoden wie Überweisungen oder Kreditkarten. Ein weiterer wichtiger Vorteil von Bitcoin ist die Anonymität. Benutzer müssen keine persönlichen Informationen preisgeben, um eine Bitcoin-Transaktion durchzuführen. Dies bietet ein hohes Maß an Privatsphäre und Sicherheit, was besonders wichtig ist, wenn es um Finanztransaktionen geht. Obwohl Bitcoin eine bemerkenswerte Reise durchgemacht hat, hat es auch seine Herausforderungen und Kontroversen erlebt. Eine der größten Herausforderungen ist die Volatilität, die durch Schwankungen in der Nachfrage und dem Angebot von Bitcoins verursacht wird.

Auch die regulative Unsicherheit und Bedenken hinsichtlich der Verwendung von Bitcoin für kriminelle Aktivitäten bleiben eine Herausforderung. Trotz dieser Herausforderungen bleibt Bitcoin ein wichtiger Teil der Kryptowährungslandschaft und hat eine unglaublich bemerkenswerte Reise hinter sich. Es hat eine Bewegung ausgelöst, die dazu geführt hat, dass hunderte von Kryptowährungen eingeführt wurden, die auf den Grundprinzipien von Bitcoin aufbauen.

Zusammengefasst ist Bitcoin eine innovative Kryptowährung, die eine sichere und dezentrale Option für Finanztransaktionen bietet. Die Verwendung der Blockchain-Technologie garantiert, dass alle Transaktionen sicher und unveränderbar aufgezeichnet werden. Außerdem bietet es hohe Anonymität und Privatsphäre, da keine persönlichen Informationen für eine Transaktion benötigt werden.

Obwohl es immer noch Herausforderungen wie Volatilität und Regulierungsunsicherheit gibt, hat Bitcoin einen unvergesslichen Weg zurückgelegt, seit es eingeführt wurde. Die Zukunft von Bitcoin und Kryptowährungen allgemein bleibt ungewiss, aber es ist unbestreitbar, dass sie einen nachhaltigen Einfluss auf die Finanzbranche haben werden. Trotz der Herausforderungen bleibt die Hoffnung, dass Kryptowährungen eine effizientere, dezentralisierte und sichere Methode für Finanztransaktionen bereitstellen werden.

Ethereum

Im Gegensatz zu anderen Kryptowährungen, wie Bitcoin, zeichnet sich Ethereum durch seine besondere Funktionalität aus. Gegründet von Vitalik Buterin im Jahr 2014, hat es sich zu einer der führenden und bekanntesten Kryptowährungen entwickelt.
Anders als Bitcoin, das primär als Währung verwendet wird, dient Ethereum als Plattform für die Entwicklung dezentraler Anwendungen (DApps). Diese Anwendungen laufen auf einem dezentralen Netzwerk und werden auf einer Blockchain gespeichert, wodurch sie sicherer sind als herkömmliche Anwendungen, die von einer einzigen Person oder Organisation kontrolliert werden.
Ethereum verwendet seine eigene Kryptowährung, den Ether, für Transaktionen und als Entlohnung für die Verarbeitung von Transaktionen durch das Netzwerk. Ether kann auch als digitale Währung für den Handel und die Speicherung von Werten verwendet werden.
Eines der größten Pluspunkte von Ethereum ist seine programmierbare Natur, die es Entwicklern ermöglicht, Smart Contracts zu schaffen und zu veröffentlichen, die automatisch ausgeführt werden, wenn bestimmte Bedingungen erfüllt sind. Dies hat die Schaffung neuer Anwendungen und Geschäftsmodelle erleichtert und bietet völlig neue Möglichkeiten für dezentralisierte Anwendungen. Ethereum, die Kryptowährung, die sich durch ihre einzigartige Funktionalität von anderen Kryptowährungen abhebt, stellt jedoch auch Herausforderungen wie Skalierbarkeit und Regulierungsfragen. Trotzdem hat es ein starkes Wachstum und eine treue Anhängerschaft gezeigt und gilt als eines der bedeutendsten Projekte in der Krypto-Branche.
Im Laufe der Zeit kann Ethereum eine führende Rolle bei der Schaffung einer dezentralisierten Wirtschaft einnehmen, bei der Finanztransaktionen und Geschäfte ohne den Einsatz von Zwischenhändlern oder Regulierungsbehörden direkt zwischen

Individuen und Unternehmen abgewickelt werden können. Es bleibt abzuwarten, wie sich Ethereum weiterentwickeln und welchen Einfluss es auf die Kryptowährungswelt und darüber hinaus haben wird, aber es bleibt ein fesselndes und vielversprechendes Projekt in der Krypto-Industrie.

Ethereum verfügt außerdem über eine aktive Entwicklergemeinschaft, die ständig bemüht ist, seine Technologie zu verbessern und neue Anwendungen zu schaffen. Diese Gemeinschaft hat bereits mehrere bedeutende Upgrades und Updates für Ethereum durchgeführt, einschließlich des Ethereum 2.0-Updates, das eine Reihe von Optimierungen und Verbesserungen für die Plattform einführte.

Ethereum stellt einen bedeutenden Teil im DeFi-Ökosystem dar, welches auf dezentralen Technologien und Kryptowährungen aufgebaut ist. DeFi bietet Benutzern eine Palette an Finanzdienstleistungen, darunter Investitionen, Überweisungen, Versicherungen und Kredite, die unabhängig von traditionellen Banken und Finanzinstituten ausgeführt werden können.

Zusammenfassend kann man sagen, dass Ethereum eine innovative Kryptowährung ist, die sich durch seine Fähigkeit dezentrale Anwendungen zu hosten und zu unterstützen von anderen Kryptowährungen unterscheidet. Es hat eine aktive und talentierte Entwicklergemeinschaft und hat bereits eine bedeutende Auswirkung auf die Kryptowährungsbranche und das DeFi-Ökosystem. Es bleibt spannend zu beobachten, wie sich Ethereum in der Zukunft weiterentwickelt und welchen Einfluss es auf die Welt haben wird, aber es ist auf jeden Fall eine Kryptowährung, die man im Auge behalten sollte.

Ripple

Dieses System nutzt die Kryptowährung XRP als digitale Brückenwährung, um Überweisungen in unterschiedlichen Währungen schnell und effizient zu verarbeiten. Im Vergleich zu anderen Kryptowährungen, die auf einer dezentralen Blockchain-Technologie basieren, bietet Ripple eine höhere Kontrolle und Sicherheit, da es zentralisiert ist.
Insgesamt kann man sagen, dass Ripple eine innovative Lösung für den weltweiten Zahlungsverkehr ist, die schnelle Überweisungen in Echtzeit ermöglicht, ohne die Einschaltung von Banken oder anderen traditionellen Finanzinstituten. Obwohl es immer noch Diskussionen darüber gibt, ob ein zentralisiertes System für Kryptowährungen die beste Wahl ist, bleibt Ripple ein wichtiger Teil der Kryptowährungsbranche, dem man auf jeden Fall Aufmerksamkeit schenken sollte.
Ripple arbeitet mit einer Vielzahl von Banken und Finanzinstituten zusammen, um den Einsatz von XRP als Zahlungsmittel zu fördern. Die Verwendung von Ripple bietet gegenüber traditionellen Zahlungsmethoden einige Vorteile, darunter Geschwindigkeit und Effizienz. Überweisungen können in wenigen Sekunden abgeschlossen werden und die Gebühren sind niedriger.
Ripple besitzt auch die Fähigkeit, Überweisungen in verschiedenen Währungen auszuführen. Durch die Nutzung von XRP als Brückenwährung können Überweisungen in einer Währung in eine andere Währung umgerechnet werden, ohne dass Verluste bei der Umrechnung entstehen.
Insgesamt hat Ripple eine wichtige Rolle in der Kryptowährungsbranche gespielt und zeigt großes Potenzial, eine der führenden Kryptowährungen für den weltweiten Zahlungsverkehr zu werden. Es bietet eine schnelle und kosteneffiziente Alternative zu herkömmlichen Zahlungsmethoden und kann einen wichtigen Beitrag zur Förderung einer globalen, digitalen Währung leisten.

Litecoin

Litecoin, bekannt als das "digitale Silber", wurde im Jahr 2011 von einem ehemaligen Google-Ingenieur namens Charlie Lee entwickelt. Es ist eine forked Version von Bitcoin und hat einige wichtige Unterschiede. Einer der größten ist die Blockzeit, die bei Litecoin 2,5 Minuten beträgt, im Vergleich zu Bitcoins 10 Minuten. Dies führt dazu, dass Litecoin schnellere Transaktionen verarbeiten kann. Außerdem nutzt Litecoin einen anderen Algorithmus für die Hash-Berechnung, der es ASIC-Minern erschwert, einen Vorteil gegenüber GPU-Minern zu erlangen. Litecoin ist eine Kryptowährung mit vielen Vorteilen im Vergleich zu anderen Kryptowährungen, darunter eine schnellere Blockzeit und eine größere Münzenmenge. Es ist bekannt für seine hohe Akzeptanz und starke Community und wird oft als "Testnetzwerk" für Bitcoin bezeichnet, da es als erstes neue Technologien und Funktionen einführt, die später auch in Bitcoin übernommen werden können.

Aufgrund seiner höheren Münzenmenge und Inflationsrate ist es auch einfacher, kleinere Beträge zu senden. Litecoin ist eine langlebige und angesehene Kryptowährung, die viel Potenzial für die Zukunft hat. Litecoin ist eine Kryptowährung von Wert und hat eine starke Anhängerschaft sowie eine weite Verbreitung. Im Vergleich zu Bitcoin bietet es schnellere und effizientere Überweisungen und hat das Potenzial, eine bedeutende Rolle im Krypto-Ökosystem einzunehmen. Es ist ein Vorzeigebeispiel für die Fortentwicklung von Kryptowährungen, um bessere Funktionalität und Technologie bereitzustellen.

Bitcoin Cash

Bitcoin Cash (BCH) ist eine Abspaltung von Bitcoin, die im August 2017 entstanden ist. Die Abspaltung erfolgte aufgrund der Einschränkungen bei der Skalierbarkeit von Bitcoin. Das Ziel von Bitcoin Cash war es, eine bessere Kapazität und Benutzerfreundlichkeit zu bieten, indem mehr Transaktionen pro Sekunde durchgeführt werden können. Im Vergleich zu Bitcoin kann Bitcoin Cash bis zu 8 MB große Blöcke verarbeiten, was zu einer schnelleren Geschwindigkeit und höheren Kapazität führt. Ein weiterer Vorteil von Bitcoin Cash ist seine niedrigeren und konstanten Transaktionsgebühren, im Gegensatz zu den hoch schwankenden Gebühren von Bitcoin.

Dies macht es attraktiver für tägliche Zahlungen und Überweisungen. Bitcoin Cash, welches im August 2017 aus einer Abspaltung von Bitcoin entstand, zeichnet sich durch seine starke Community-Unterstützung und seine Akzeptanz bei führenden Unternehmen in der Kryptowährungsbranche aus. Es konzentriert sich auf die Steigerung der Skalierbarkeit und Verwendbarkeit von Kryptowährungen und bietet durch seine höhere Kapazität und niedrigeren Transaktionsgebühren eine attraktive Option für tägliche Zahlungen und Überweisungen. Mit seinem Potenzial, eine wichtige Rolle in der Kryptowährungswelt zu spielen, ist Bitcoin Cash eine wertvolle Kryptowährung, die es wert ist, beachtet zu werden. Obwohl Bitcoin Cash viele Vorteile hat, gibt es auch einige Hindernisse, denen es gegenübersteht. Eines davon ist die geringere Akzeptanz im Vergleich zu anderen Kryptowährungen wie Bitcoin und Ethereum. Viele Händler und Unternehmen haben sich noch nicht bereit erklärt, Bitcoin Cash zu akzeptieren und die Anzahl der verfügbaren Börsen, die es handeln, ist beschränkt.

Ein weiteres Problem ist die hohe Volatilität von Bitcoin Cash. Ähnlich wie bei vielen anderen Kryptowährungen, ist Bitcoin Cash sehr schwankungsanfällig und kann sich in kurzer Zeit stark verändern. Dies kann für Anleger und Händler schwierig sein, da es schwer ist, Vorhersagen zu treffen und sicherzustellen, dass ihre Investitionen sicher sind.

Trotz dieser Herausforderungen wird Bitcoin Cash jedoch weiter an Bedeutung gewinnen, da es sich auf die Lösung echter Probleme in der Kryptowährungsbranche konzentriert. Mit seiner starken Community-Unterstützung, niedrigeren Transaktionsgebühren und höheren Kapazität hat es das Potenzial, eine wichtige Rolle in der Kryptowährungswelt zu spielen.

Wenn Sie in Bitcoin Cash investieren möchten, ist es jedoch wichtig, sich bewusst zu sein, dass Kryptowährungen sehr volatil sind und dass jede Investition ein hohes Risiko birgt. Es ist wichtig, sorgfältig zu recherchieren und alle Faktoren zu berücksichtigen, bevor Sie eine Entscheidung treffen.

Binance Coin

BNB, auch bekannt als Binance Coin, ist eine Kryptowährung, die von der führenden Krypto-Börse Binance im Jahr 2017 veröffentlicht wurde. Als native Kryptowährung auf der Binance-Plattform, dient Binance Coin als Treibstoff für das Handels- und Überweisungssystem.

Das primäre Ziel von Binance Coin ist es, den Handel auf der Binance-Plattform zu erleichtern und zu beschleunigen, indem es den Benutzern Vorteile wie niedrigere Handelsgebühren, beschleunigte Überweisungen und vereinfachte Überweisungsprozesse bietet.

Des Weiteren strebt Binance Coin danach, den Benutzern eine größere Auswahl an Anlagemöglichkeiten zu bieten. Dazu gehört auch die Möglichkeit, in andere Kryptowährungen wie Bitcoin, Ethereum, Ripple und mehr zu investieren.

Mit der Zeit hat Binance Coin seine Funktionalität erhöht und bietet jetzt eine Vielzahl von Anwendungen, einschließlich eines Krypto-Kreditkartenprogramms, einer Plattform für Initial Coin Offerings (ICOs) und einem Krypto-Vermögensverwaltungsdienst.

In Bezug auf die Performance hat Binance Coin in den vergangenen Jahren hervorragend abgeschnitten und gehört zu den am schnellsten wachsenden Kryptowährungen. Es hat sich schnell zu einer bevorzugten Wahl für Anleger und Händler entwickelt, die nach einer zuverlässigen und sicheren Kryptowährung suchen, die in vielen Anwendungen eingesetzt werden kann.

Zusammenfassend kann man sagen, dass Binance Coin eine leistungsstarke und vielseitige Kryptowährung ist, die den Benutzern der Binance-Plattform viele Vorteile bietet. Mit dem Potenzial weiter zu wachsen und an Bedeutung zu gewinnen, bleibt Binance Coin eine bevorzugte Wahl für Anleger und Händler, die in Kryptowährungen investieren möchten.

Der Binance Coin (BNB) ist eine Kryptowährung, die von der

weltweit führenden Krypto-Handelsbörse Binance ausgegeben wurde. Eingeführt im Jahr 2017, hat sich BNB zu einer der bedeutendsten Kryptowährungen entwickelt. BNB ist ein ERC-20-Token, das auf der Ethereum-Blockchain läuft und ursprünglich eingesetzt wurde, um die Kosten für die Nutzung der Binance Börse zu reduzieren. Benutzer, die BNB als Zahlungsmittel für ihre Handelsgebühren verwenden, erhalten einen Rabatt auf ihre Gebühren, der jedes Jahr um 1 Prozent sinkt, bis er im Jahr 2025 bei Null angelangt ist.

BNB hat jedoch seine Anwendungen über die Binance Börse hinaus erweitert. Es wird von vielen Unternehmen und Plattformen akzeptiert und kann auch für Überweisungen und Zahlungen verwendet werden. Darüber hinaus wird BNB als Mittel für die Teilnahme an ICOs und zur Wertaufbewahrung genutzt.

Ein weiterer Vorteil von BNB ist, dass es regelmäßig "Käufe und Abschreibungen" durchführt. Dies bedeutet, dass Binance einen Teil seines Quartalsgewinns verwendet, um BNB auf dem Markt zu kaufen und zu vernichten, was eine deflationäre Wirkung hat und die Wertstabilität von BNB sicherstellt.

Zusammenfassend ist Binance Coin eine Kryptowährung mit einem breiten Anwendungsbereich und einer starken Gemeinschaft. Es hat sich zu einer der führenden Kryptowährungen entwickelt und bietet Anlegern und Benutzern viele Vorteile.

IV. INVESTIEREN IN KRYPTOWÄHRUNGEN

Wie Funktioniert Das Investieren In Kryptowährungen?

Kryptowährungen zu investieren, kann eine große Chance für Anleger sein, aber es ist ein komplexer Prozess, der Verständnis für den Markt und die Technologie erfordert. Zunächst muss man ein Krypto-Wallet einrichten, eine digitale Brieftasche, um Kryptowährungen zu kaufen, verkaufen und aufzubewahren. Anbieter wie Coinbase, Binance und Exodus sind bekannte Optionen.

Nach der Einrichtung des Wallets müssen Kryptowährungen gekauft werden, was über Krypto-Börsen wie Binance, Coinbase oder Kraken erfolgen kann. Es ist wichtig, sorgfältig zu überlegen, welche Kryptowährungen man kaufen möchte, und sich über die Marktentwicklungen und die Technologie dahinter zu informieren.

Risiken, wie die Volatilität des Kryptowährungsmarkts, müssen ebenfalls berücksichtigt werden. Anleger sollten bereit sein, das Risiko eines Verlusts einzugehen. Eine alternative Möglichkeit ist das Investieren in Krypto-Fonds oder Krypto-ETFs, die in eine Vielfalt von Kryptowährungen investieren und eine Diversifikation des Portfolios bieten.

Insgesamt ist das Investieren in Kryptowährungen lukrativ, aber es ist wichtig, sorgfältig zu überlegen, gut informiert zu sein und die Marktbedingungen regelmäßig zu überwachen. Man sollte sich auch bewusst sein, dass es mit Risiken verbunden ist.

Risiken Und Herausforderungen Bei Kryptoinvestments

Kryptowährungen haben in den letzten Jahren an Beliebtheit gewonnen und bieten Anlegern eine neue Gelegenheit, ihr Kapital zu investieren. Dabei sind jedoch auch einige Risiken und Herausforderungen zu berücksichtigen. Es ist wichtig zu wissen, dass Kryptowährungen äußerst volatil sind und ihr Wert schnell schwanken kann, was zu erheblichen Verlusten führen kann. Die Vorhersage des zukünftigen Werts einer Kryptowährung ist ebenfalls schwierig.

Zudem besteht ein höheres Risiko für Betrug und Hackerangriffe aufgrund der fehlenden Regulierung. Kryptowährungen sind nicht reguliert und es gibt keine staatlichen Überwachungsbehörden. Die Technologie von Kryptowährungen ist komplex und es erfordert ein gewisses Maß an technischem Verständnis, um sie zu verstehen und beurteilen zu können, wie sicher sie ist.

Es ist wichtig zu beachten, dass Kryptowährungen nicht für jeden geeignet sind. Es handelt sich um eine riskante Anlageform, die nicht für alle Anleger geeignet ist. Vor einer Investition in Kryptowährungen sollte man sich ausführlich über die Risiken und Herausforderungen informieren und sicherstellen, dass man bereit ist, das Risiko einzugehen.

Zusammenfassend bieten Kryptoinvestments sowohl Chancen als auch Risiken. Es ist wichtig, sich gründlich über die Technologie, die Kryptowährung und die möglichen Risiken zu informieren, bevor man investiert. Wenn man bereit ist, das Risiko einzugehen und die erforderlichen Fähigkeiten hat, kann das Investieren in Kryptowährungen eine lohnende Erfahrung sein.

Tipps Für Erfolgreiches Investieren In Kryptowährungen

Investieren in Kryptowährungen kann aufregend sein, aber auch mit einigen Risiken verbunden sein. Um erfolgreich in Kryptowährungen zu investieren, ist es wichtig, gut informiert und vorsichtig vorzugehen. Hier sind ein paar Tipps, die Sie beachten sollten:

1. Informieren Sie sich gründlich: Bevor Sie Ihr Geld in Kryptowährungen investieren, sollten Sie sich ausführlich über verschiedene Kryptowährungen informieren. Lesen Sie über ihre Funktionsweise und Vorteile, aber auch über die Risiken, die damit verbunden sind.
2. Investieren Sie nur, was Sie verkraften können: Kryptowährungen sind eine unvorhersehbare Anlageklasse und ihr Wert kann schnell schwanken. Investieren Sie daher nur so viel Geld, das Sie sich leisten können zu verlieren, ohne Ihre finanzielle Stabilität zu beeinträchtigen.
3. Wählen Sie eine sichere Börse: Um in Kryptowährungen zu investieren, sollten Sie eine zuverlässige und sichere Börse auswählen. Vermeiden Sie Börsen mit einer unklaren Geschichte oder schlechter Sicherheit.
4. Diversifizieren Sie Ihr Portfolio: Statt all Ihr Geld in eine Kryptowährung zu stecken, sollten Sie Ihr Portfolio diversifizieren, indem Sie in mehrere Kryptowährungen investieren. Dies kann das Risiko minimieren, falls eine Kryptowährung an Wert verliert.
5. Halten Sie sich an Ihren Plan: Haben Sie einen Investmentplan und halten Sie sich daran. Vermeiden Sie emotionale Entscheidungen und ändern Sie Ihren

Plan nicht, wenn die Kryptomärkte volatil werden.
6. Überwachen Sie Ihre Investitionen: Überprüfen Sie regelmäßig Ihre Kryptoinvestitionen und stellen Sie sicher, dass sie sich so entwickeln, wie Sie es erwartet haben.

Beachten Sie, dass Kryptowährungen ein hochrisikoreiches Anlageprodukt sind und dass Sie sich immer gut informieren und Ihr Risiko minimieren sollten.

V. ANWENDUNGSBEREICHE VON KRYPTOWÄHRUNGEN

Finanzbranche

In der Finanzbranche wächst das Interesse an Kryptowährungen, da sie das Potenzial haben, die Art und Weise zu verändern, wie Finanzdienstleistungen genutzt werden. Durch die Verwendung von Kryptowährungen können Überweisungen sicherer, effizienter und transparenter gestaltet werden, ohne dass Banken und Finanzinstitute beteiligt sind. Dies führt zu geringeren Überweisungskosten und einem beschleunigten Überweisungsprozess. Kryptowährungen können auch für grenzüberschreitende Überweisungen verwendet werden, was eine schnellere und kosteneffizientere Überweisung ermöglicht.

Krypto-Börsen und Krypto-Geldbörsen sind ein weiterer Aspekt, in dem Kryptowährungen in der Finanzbranche Einfluss haben. Sie ermöglichen es Benutzern, Kryptowährungen zu kaufen, zu verkaufen und zu speichern und dienen auch als Wertaufbewahrungsmittel. Kryptowährungen bieten auch Investitionsmöglichkeiten, die eine Alternative zu traditionellen Anlageformen wie Aktien, Anleihen und Immobilien darstellen. Sie haben jedoch auch ein höheres Risiko, da sie eine hohe Volatilität aufweisen.

Insgesamt kann gesagt werden, dass Kryptowährungen eine wichtige Rolle in der Finanzbranche spielen und dass ihr Potenzial, die Finanzwelt zu revolutionieren, noch lange nicht ausgeschöpft ist.

Online-Shops Und E-Commerce

In den letzten Jahren haben Kryptowährungen einen bemerkenswerten Aufschwung erlebt und sind zu einer bevorzugten Zahlungsmethode für viele Verbraucher geworden. Online-Shops und E-Commerce-Unternehmen haben schnell auf diesen Trend reagiert und bieten nun ihre Dienstleistungen und Produkte für Kryptowährungen an.

Der Einsatz von Kryptowährungen bietet Online-Shops und E-Commerce-Unternehmen eine Reihe von Vorteilen. Zunächst ermöglicht die Verwendung von Kryptowährungen eine schnellere und sichere Übertragung von Geldern, ohne dass Banken oder Finanzinstitute beteiligt sind. Kryptowährungen arbeiten auf einem dezentralen Netzwerk, was bedeutet, dass Übertragungen direkt von Person zu Person stattfinden, ohne dass ein Dritter benötigt wird.

Zusätzlich bieten Kryptowährungen eine höhere Anonymität, da keine persönlichen Daten oder Informationen übertragen werden müssen, um eine Überweisung zu tätigen. Dies ist für viele Kunden von Vorteil, da sie ihre Daten und Finanzen vor unbefugtem Zugriff schützen möchten.

Kryptowährungen sind auch in der Regel sehr sicher, da sie auf komplexen Kryptografie-Methoden basieren, die es Hackern erschweren, Zugang zu den Konten zu erlangen. Daher können Online-Shops und E-Commerce-Unternehmen sicher sein, dass ihre Kunden ihre Kryptowährungen sicher verwenden können.

Zusammenfassend bieten Kryptowährungen eine schnelle, sichere und anonyme Zahlungsmethode für Online-Shops und E-Commerce-Unternehmen, was zu einer besseren Benutzererfahrung und mehr Verkäufen führen kann. Es ist jedoch wichtig zu beachten, dass es bei Kryptowährungen immer noch Risiken gibt und man sich über diese Herausforderungen im Klaren sein sollte, bevor man in Kryptowährungen investiert.

Gaming-Industrie

Die Gaming-Industrie hat in den letzten Jahren einen enormen Zuwachs erfahren, insbesondere aufgrund des wachsenden Interesses an Online-Spielen. Diese Entwicklung hat dazu beigetragen, dass Kryptowährungen eine wichtige Rolle in der Gaming-Branche einnehmen.

Eines der wichtigsten Anwendungsbereiche von Kryptowährungen in der Gaming-Industrie ist die Verwendung als virtuelle Währung in Online-Spielen. Spieler können Kryptowährungen wie Bitcoin, Ethereum oder Litecoin verwenden, um virtuelles Geld zu kaufen und zu verkaufen. Dies bietet den Spielern mehr Flexibilität und Kontrolle über ihr virtuelles Vermögen.

Ein weiterer wichtiger Anwendungsbereich von Kryptowährungen in der Gaming-Industrie ist das Sammeln und Handeln von virtuellen Gegenständen. Spieler können Kryptowährungen verwenden, um exklusive virtuellen Gegenstände wie Waffen, Ausrüstungen oder Rüstungen zu kaufen und zu verkaufen. Dies ermöglicht es den Spielern, ihr virtuelles Vermögen zu steigern und ihre Spielererfahrung zu verbessern.

Ein weiterer Vorteil von Kryptowährungen in der Gaming-Industrie ist die Möglichkeit, Cross-Game-Transaktionen durchzuführen. Dies bedeutet, dass Spieler Kryptowährungen zwischen verschiedenen Spielen verwenden und tauschen können, was die Interaktion und den Wert ihrer virtuellen Vermögenswerte erhöht.

Trotz all dieser Vorteile birgt die Verwendung von Kryptowährungen in der Gaming-Industrie auch einige Risiken. Da Kryptowährungen eine sehr volatile Anlageform sind, kann ihr Wert von einem Tag auf den nächsten stark schwanken. Auch die mangelnde Regulierung und das Fehlen einer zentralen Autorität kann zu Problemen bei Transaktionen und Sicherheitsbedenken führen.

In der Gaming-Industrie müssen Kryptowährungen sorgfältig und verantwortungsvoll eingesetzt werden, um ihre Vorteile zu nutzen und gleichzeitig potenzielle Risiken zu minimieren. Die Verwendung von Kryptowährungen in der Gaming-Branche ist ein Beispiel dafür, wie Technologie und Innovation dazu beitragen können, das Spielerlebnis zu verbessern

Zukünftige Anwendungsbereiche

Kryptowährungen und die Blockchain-Technologie, die dahinterliegt, besitzen das Potenzial, in vielen Bereichen eine wichtige Rolle zu spielen. Bereits jetzt haben sich einige Branchen für Kryptowährungen geöffnet, wie beispielsweise die Finanzbranche, Online-Shops, E-Commerce und die Gaming-Industrie. Doch das Potential von Kryptowährungen reicht weit über diese Bereiche hinaus. Hier sind einige Möglichkeiten, wie Kryptowährungen in der Zukunft noch mehr Anwendung finden können:

1. Lieferkette-Management: Kryptowährungen können dabei helfen, dass Lieferketten transparenter und sicherer werden. Durch die Anwendung von Smart Contracts kann es zu automatischen Zahlungen kommen, wenn bestimmte Bedingungen erfüllt sind, was die Zusammenarbeit zwischen Lieferanten und Herstellern effizienter macht.
2. Soziale Netzwerke: Kryptowährungen können auch in sozialen Netzwerken eine Rolle spielen. Benutzer können für ihre Beiträge belohnt werden, indem sie Kryptowährungen erhalten. Dies motiviert Benutzer dazu, hochwertige Inhalte zu erstellen.
3. E-Government: Kryptowährungen können auch in der Regierungsbranche eingesetzt werden, um Transaktionen sicher und transparent durchzuführen. Dies kann die Effizienz der Regierungsprozesse verbessern.
4. Healthcare: Kryptowährungen können auch in der Gesundheitsbranche eine Rolle spielen. Patienten können ihre Gesundheitsdaten sicher und privat teilen, was Ärzte dabei hilft, effizienter zu arbeiten und bessere Behandlungen anzubieten.

Dies sind nur einige Beispiele für zukünftige Anwendungsbereiche von Kryptowährungen. Es ist jedoch klar, dass Kryptowährungen und die dahinterliegende Blockchain-Technologie eine Vielzahl von Möglichkeiten bieten, um Prozesse in vielen Branchen zu verbessern

VI. RECHTLICHE ASPEKTE VON KRYPTOWÄHRUNGEN

Regulierung Von Kryptowährungen

In den vergangenen Jahren hat sich die Kryptowährungsbranche stark verändert und erlangte immer mehr Aufmerksamkeit. Allerdings ist die Regulierung von Kryptowährungen ein kontroverses Thema, da es sich um eine neue und sich schnell entwickelnde Technologie handelt. Regierungen und Zentralbanken sind unsicher, wie sie mit Kryptowährungen umgehen sollen.
Einige Regierungen betrachten Kryptowährungen als Bedrohung für ihre etablierten Finanzsysteme und wollen daher strenge Regulierungen einführen. Andererseits gibt es auch Regierungen, die Kryptowährungen als Chance für ein modernes und dezentrales Finanzsystem sehen.
In Ländern wie China wurden Kryptowährungen bereits stark reguliert, während andere Länder, wie Japan, Kryptowährungen als legitimes Zahlungsmittel anerkannt haben. In den USA ist die Regulierung von Kryptowährungen ebenfalls ein kontroverses Thema, wobei einige Regierungsbehörden strenge Regulierungen fordern und andere Kryptowährungen als Chance für den Finanzsektor und die Wirtschaft sehen.
Es ist wichtig, dass Regierungen und Zentralbanken eine angemessene Regulierung von Kryptowährungen einführen, um den Verbraucherschutz und die Stabilisierung des Finanzsystems zu gewährleisten. Diese Regulierungen sollten jedoch nicht so strenge sein, dass sie das Potenzial von Kryptowährungen einschränken.
In Zukunft werden wir beobachten, wie Regierungen und Zentralbanken weltweit mit Kryptowährungen umgehen und wie sich die Regulierungen entwickeln. Bis dahin ist es wichtig, dass Investoren und Anleger sich über die Regulierungen in ihren Ländern informieren und ihre Investitionen sorgfältig abwägen, um das Risiko zu minimieren.

Steuerliche Regelungen

Die Besteuerung von Kryptowährungen variiert in vielen Ländern und stellt somit einen bedeutenden rechtlichen Faktor dar. In Deutschland zählen Kryptowährungen zu privatem Eigentum und deren Verkauf ist steuerpflichtig. Ob Kryptowährungen besteuert werden, hängt davon ab, ob sie als Kapitalinvestition oder als Zahlungsmittel verwendet werden.
Der Handel mit Kryptowährungen kann zur Verpflichtung zur Einkommensteuer führen, wenn es sich um eine geschäftliche Tätigkeit handelt. In diesem Fall werden die Gewinne aus dem Verkauf von Kryptowährungen als Einkünfte aus einem Gewerbebetrieb angesehen.
Einkommen aus Kapitalvermögen, wie Dividenden oder Zinsen, sind in Deutschland ebenfalls steuerpflichtig, auch wenn Kryptowährungen als Kapitalinvestition gehalten werden. Es ist wichtig, Kryptowährungen als Vermögen aufzuführen und den Verkaufspreis jedes Jahr zu dokumentieren, um eine korrekte Steuerberechnung zu garantieren.
In Ländern wie den USA und Großbritannien werden Kryptowährungen ebenfalls als Kapitalinvestition betrachtet und unterliegen somit einer Steuerpflicht. Es ist daher von Bedeutung, die steuerlichen Regelungen des eigenen Landes zu kennen und gegebenenfalls professionelle Hilfe in Anspruch zu nehmen.
Zusammenfassend lässt sich sagen, dass die steuerlichen Regelungen für Kryptowährungen von großer Bedeutung sind, wenn man in Kryptowährungen investieren möchte. Es ist ratsam, sich vorab über die steuerlichen Regelungen des eigenen Landes zu informieren und bei Bedarf professionelle Unterstützung in Anspruch zu nehmen, um Fehler zu vermeiden.

Rechtsstreitigkeiten Im Zusammenhang Mit Kryptowährungen

Der Krypto-Markt ist noch jung und das Recht hat sich bisher nicht ausreichend damit beschäftigt. Trotzdem gibt es einige rechtliche Aspekte, die bei Kryptoinvestments berücksichtigt werden sollten. Rechtsstreitigkeiten können ein Problem darstellen, da Kryptowährungen nicht reguliert sind und eine dezentrale Struktur aufweisen. Dies kann zu Konflikten führen, wenn Kryptowährungen gestohlen werden oder Überweisungen an die falsche Adresse gehen. In solchen Fällen kann es schwierig sein, das Geld zurückzubekommen, da keine zentrale Stelle für die Regulierung zuständig ist.

Eine weitere rechtliche Herausforderung betrifft die Einstufung von Kryptowährungen als Währung oder Vermögenswert. Dies hat Auswirkungen auf die Steuerregelungen und rechtlichen Vorschriften. Einige Länder behandeln Kryptowährungen bereits als Vermögenswerte, was bedeutet, dass Gewinne besteuert werden müssen, während andere sie noch als Währungen einstufen, was bedeutet, dass keine Steuern anfallen.

Es ist wichtig, dass Anleger sich über die rechtlichen Aspekte von Kryptowährungen informieren, um das Risiko von Rechtsstreitigkeiten und unerwarteten Steuern zu minimieren. Daher ist es ratsam, sich vor einem Kryptoinvestment gründlich zu informieren und gegebenenfalls einen Experten zu Rate zu ziehen.

VII. ZUKUNFTSPERSPEKTIVEN

Prognosen Für Die Kryptowährungsbranche

Die Kryptowährungsbranche ist ein schnell wachsendes Phänomen mit vielen unterschiedlichen Meinungen über ihre Zukunft. Einige Experten glauben, dass Kryptowährungen die Zukunft des Finanzwesens sind und den traditionellen Finanzsektor verändern werden, während andere skeptisch sind und bezweifeln, dass sie jemals weit verbreitet sein werden.

Einige Prognosen beziehen sich auf die Technologie selbst und glauben, dass sie aufgrund der Blockchain-Technologie sicherer und benutzerfreundlicher werden und somit für mehr Menschen zugänglich sein werden.

Andere Prognosen beziehen sich auf die Regulierung und erwarten eine Stabilisierung der Branche durch weitere Regulierungen, die das Vertrauen der Investoren stärken und den Handel vereinfachen werden.

Eine weitere Prognose ist, dass Kryptowährungen immer mehr in den Mainstream eindringen werden und als legitimes Mittel zur Übertragung von Werten akzeptiert werden. Dies könnte zu einer weiteren Integration in den Alltag führen und das volle Potenzial ausschöpfen.

Obwohl es schwierig ist, eine exakte Prognose zu treffen, bleibt die Kryptowährungsbranche spannend und es bleibt abzuwarten, wohin sie sich in Zukunft entwickeln wird.

Mögliche Auswirkungen Auf Das Finanzsystem

In den letzten Jahren hat sich die Kryptowährungsbranche zu einer bedeutenden Kraft im Finanzsektor entwickelt, aber es bleibt die Frage, welche Auswirkungen sie auf das traditionelle Finanzsystem haben werden. Drei Faktoren, die die Zukunft der Kryptowährungen beeinflussen werden, sind die Regulierung, die Technologie und die Akzeptanz. Regulierungsbehörden arbeiten daran, geeignete Regelungen für Kryptowährungen zu entwickeln, um einer möglichen Gefahr für das Finanzsystem vorzubeugen. Die Block chain-Technologie, die hinter Kryptowährungen steht, hat das Potenzial, das Finanzsystem zu revolutionieren, aber es ist noch unklar, wie weit sie in den traditionellen Finanzsektor eindringen wird.
Die Akzeptanz von Kryptowährungen ist ebenfalls ein wichtiger Faktor, denn sie haben noch immer ein gewissen Stigma und sind nicht von allen Teilen der Bevölkerung anerkannt.

Es ist noch unklar, wie sich die Kryptowährungen auf das traditionelle Finanzsystem auswirken werden, aber es ist wichtig, die Entwicklungen in diesem Bereich aufmerksam zu verfolgen und die möglichen Auswirkungen zu berücksichtigen. Einige Experten sehen in Kryptowährungen die Zukunft des Finanzwesens, während andere skeptisch bleiben. Was auch immer die Zukunft bringen wird, es ist wichtig, aufmerksam zu sein und die Entwicklungen im Auge zu behalten.

Chancen Und Risiken Für Kryptowährungen

Das Thema der Zukunftsperspektiven für Kryptowährungen ist ein häufig diskutiertes und umstrittenes Thema. Einige Experten glauben, dass Kryptowährungen das Potenzial haben, das traditionelle Finanzsystem zu verändern, während andere die Risiken und Unsicherheiten als zu groß einschätzen.
Vorteile von Kryptowährungen bieten eine Reihe von Vorteilen gegenüber traditionellen Währungen. Sie sind dezentralisiert, was bedeutet, dass keine Regierung oder Zentralbank ihre Funktion beeinflussen kann. Darüber hinaus sind Kryptowährungen anonym und bieten mehr Privatsphäre für ihre Benutzer. Außerdem sind Überweisungen von Geldern mit Kryptowährungen schneller und kosteneffizienter, insbesondere bei internationalen Überweisungen.
Risiken von Kryptowährungen Trotz ihrer Vorteile birgt die Kryptowährungsbranche auch einige Risiken. Eines davon ist die mangelnde Regulierung, was ein höheres Risiko für Betrug und Cyberkriminalität bedeutet. Die Volatilität von Kryptowährungen ist ein weiteres großes Problem, da sie sich schnell ändern und zu großen Verlusten führen können. Auch die Tatsache, dass Kryptowährungen noch nicht weit verbreitet sind und nicht von jedem akzeptiert werden, stellt ein Risiko dar und einschränkt ihre Verwendbarkeit und Liquidität.
Zusammenfassend kann gesagt werden, dass Kryptowährungen das Potenzial haben, das Finanzsystem zu revolutionieren. Allerdings sollten Anleger sorgfältig über die Chancen und Risiken nachdenken, bevor sie in Kryptowährungen investieren. Ein gut informierter und durchdachter Ansatz ist der beste Weg, um erfolgreich in Kryptowährungen zu investieren.

VIII. FAZIT

Zusammenfassung Der Wichtigsten Punkte

Kryptowährungen sind ein heiß diskutiertes Thema, bei dem Experten unterschiedlicher Meinung sind. Auf der einen Seite gibt es diejenigen, die das Potenzial von Kryptowährungen sehen, das herkömmliche Finanzsystem zu revolutionieren. Andererseits gibt es auch Bedenken hinsichtlich der Risiken und Unsicherheiten, die damit verbunden sind.

Kryptowährungen bieten eine Reihe von Vorteilen gegenüber herkömmlichen Währungen, darunter Dezentralisierung, Anonymität und eine schnellere und kosteneffizientere Überweisung von Geldern. Trotz ihrer Vorteile birgt die Kryptowährungsbranche auch einige Risiken, wie mangelnde Regulierung, Volatilität und eingeschränkte Verwendbarkeit und Liquidität.

Wenn Sie in Kryptowährungen investieren möchten, ist es wichtig, dass Sie sorgfältig über die Chancen und Risiken nachdenken. Informieren Sie sich über die verschiedenen Anlagemöglichkeiten und Risiken im Zusammenhang mit Kryptowährungen und treffen Sie eine informierte Entscheidung. Ein gut durchdachter und informierter Ansatz ist der beste Weg, um erfolgreich in Kryptowährungen zu investieren.

Zusammenfassend lässt sich sagen, dass Kryptowährungen eine interessante und vielversprechende Anlageoption darstellen, aber auch mit einer Reihe von Risiken verbunden sind. Es ist wichtig, sorgfältig abzuwägen und gut informiert zu sein, bevor man in Kryptowährungen investiert.

Persönliche Empfehlungen Für Kryptoinvestments

1. Recherche: Bevor Sie in Kryptowährungen investieren, sollten Sie gründlich recherchieren und verstehen, wie sie funktionieren und welche Risiken damit verbunden sind. Lesen Sie Whitepapers, News-Artikel und diskutieren Sie mit Experten in der Branche.
2. Diversifikation: Verteilen Sie Ihr Investment auf verschiedene Kryptowährungen, anstatt alles in eine zu investieren. Dies minimiert das Risiko eines Totalverlustes, falls eine Kryptowährung an Wert verliert.
3. Langfristiges Denken: Kryptowährungen sind eine langfristige Anlageoption und es ist wichtig, Geduld zu haben und nicht impulsiv auf kurzfristige Marktschwankungen zu reagieren.
4. Finanzielle Stabilität: Stellen Sie sicher, dass Sie genug finanzielle Stabilität haben, bevor Sie in Kryptowährungen investieren. Investieren Sie nur Geld, das Sie sich leisten können zu verlieren.
5. Regulierungen: Überprüfen Sie, ob die Kryptowährung, in die Sie investieren möchten, in Ihrem Land reguliert ist.

Zusammenfassend sollten Sie vorsichtig und gut informiert sein, bevor Sie in Kryptowährungen investieren. Verstehen Sie die Risiken und arbeiten Sie mit einer langfristigen Strategie. Als künstliche Intelligenz kann ich keine Garantie für den Erfolg Ihrer Investitionen geben, aber diese Richtlinien können Ihnen helfen, gut informierte Entscheidungen zu treffen.

Ausblick Auf Die Zukunft Von Kryptowährungen

In den letzten Jahren hat die Kryptowährungsbranche einen rasanten Aufstieg erlebt und hat sich zu einem integralen Teil des Finanzsektors entwickelt. Die Vorteile von Kryptowährungen reichen von schnellen und sicheren Transaktionen bis hin zu neuen Investmentmöglichkeiten.

Obwohl es noch unsicher ist, wie sich die Kryptowährungsbranche in Zukunft entwickeln wird, gibt es zwei Schulen des Denkens. Einige Experten glauben, dass Kryptowährungen das traditionelle Finanzsystem revolutionieren und die Macht zurück in die Hände der Verbraucher bringen werden, indem sie Banken und Finanzinstitute überflüssig machen. Andere befürchten jedoch, dass Kryptowährungen den Herausforderungen des traditionellen Finanzsektors nicht gewachsen sein werden und letztendlich scheitern werden.

Es ist jedoch sicher, dass Kryptowährungen das Potenzial haben, die Art und Weise, wie wir mit Geld und Finanzen umgehen, grundlegend zu verändern. Daher ist es wichtig, dass Regierungen und Finanzinstitute sorgfältig über die Zukunft von Kryptowährungen nachdenken und eine Regulierung aufstellen, die den Schutz der Verbraucher und die Förderung des Wachstums sicherstellt.

Insgesamt ist die Zukunft von Kryptowährungen voller Unbekannten, aber es bleibt spannend zu beobachten, wie sie sich in den kommenden Jahren entwickeln werden und welche Auswirkungen sie auf das traditionelle Finanzsystem und die Gesellschaft insgesamt haben werden. Es ist jedoch sicher, dass Kryptowährungen eine wichtige Rolle in der Zukunft des Geldes und des Finanzwesens spielen werden.

Impressum

© 2023 Dom Zah

Dominik Zahnlecker
Bockstalstr. 79/3, 76327 Pfinztal

Das Werk, einschließlich seiner Teile, ist urheberrechtlich geschützt. Jede Verwertung ist ohne Zustimmung des Autors unzulässig. Dies gilt insbesondere für die elektronische oder sonstige Vervielfältigung, Übersetzung, Verbreitung und öffentliche Zugänglichmachung.

www.ingramcontent.com/pod-product-compliance
Lightning Source LLC
Chambersburg PA
CBHW070941220526
45469CB00007B/2476